Liebe Eltern,

jedes Kind ist anders. Eines kennt bereits alle Buchstaben in
der Vorschule und kann sie zu Wörtern formen. Ein anderes
lernt das Abc beim Eintritt in die Schule. Für das spätere
Leseverhalten ist das völlig unerheblich. Wichtig aber ist der
Spaß am Lesen – und zwar von Anfang an. Darum muss
sich die konzeptionelle Entwicklung von Lesetexten an den
unterschiedlichen Lernentwicklungen der Kinder orientieren.
Unser Bücherbär-Erstleseprogramm umfasst deshalb
verschiedene Reihen für die Vorschule und die ersten beiden
Schulklassen. Sie bauen aufeinander auf und holen die Kinder
dort ab, wo sie sind. So wird der Lernprozess auch für den
fortgeschrittenen Erstleser leichter und die Freude am Lesen
hält ein Leben lang.

Die Bücherbär-Reihe *Kurze Geschichten* richtet sich an
Leseanfänger in der 2. Klasse.

In Zusammenarbeit mit
westermann

Mirjam Pressler
Spukgeschichten

Dieses Buch gehört:

_____

Mirjam Pressler
gilt als eine der wichtigsten Kinder- und Jugendbuchautorinnen,
schreibt aber auch für Erwachsene. Seit 1979 hat sie über 60 Bücher
verfasst und zahlreiche Bücher übersetzt, zum Beispiel aus dem Hebräischen.
Für ihre Arbeit hat sie viele Auszeichnungen erhalten, unter anderem den
Deutschen Jugendliteraturpreis für ihr Gesamtwerk.

Erhard Dietl,
geboren in Regensburg, arbeitet sehr erfolgreich als freiberuflicher Grafiker, Autor
und Liedermacher für verschiedene Verlage. Seine Bilder- und Kinderbücher wurden
in viele Sprachen übersetzt und mit zahlreichen Preisen ausgezeichnet.
Erhard Dietl lebt und arbeitet in München und hat drei Kinder.

MIX
Papier aus verantwor-
tungsvollen Quellen
FSC® C110508
FSC
www.fsc.org

1. Auflage 2018
© Arena Verlag GmbH, Würzburg 2004
Erschien erstmals unter dem Titel „Auch Vampire können sich irren“
im Arena Verlag 1994
Alle Rechte vorbehalten
Einband und Innenillustrationen: Erhard Dietl
Gesamtherstellung: Westermann Druck Zwickau GmbH
ISBN 978-3-401-71103-4

Mirjam Pressler

Spukgeschichten

Mit Bildern von Erhard Dietl

Inhalt

Die Mutprobe im Hochhaus

Rosalius, das kleine Gespenst, flatterte
durch die zerbrochene Scheibe hinunter in
den Weinkeller. Dort saß seine Mumu und
webte an einem neuen grauen Schleier für
die Abschlussfeier. „Ich gehe nicht mehr
in die Schule", schrie Rosalius. „Hast du
gehört, Mumu? Ich will das nicht.
Die ganze Abschlussfeier kann von mir aus
in der Sonne vertrocknen!"
„Igittigitt, in der Sonne vertrocknen", schrie
Mumu entsetzt. „Sag doch wenigstens:
im Licht zergehen."
„Nein, in der Sonne vertrocknen", rief
Rosalius. Er riss sich den Nebelumhang
vom weißen Gewand. „Stell dir mal vor,
was der Weiße Lehrmeister von mir
verlangt: Ich soll morgen Nacht im neuen

Hochhaus spuken. Als Mutprobe. Warum nicht auf dem Friedhof, wie sich's gehört?" „Auf dem Friedhof hast du doch schon zum Abschluss des Kindergartens gespukt", antwortete Mumu. „Jetzt, wo du so groß bist, muss es etwas Schwierigeres sein."

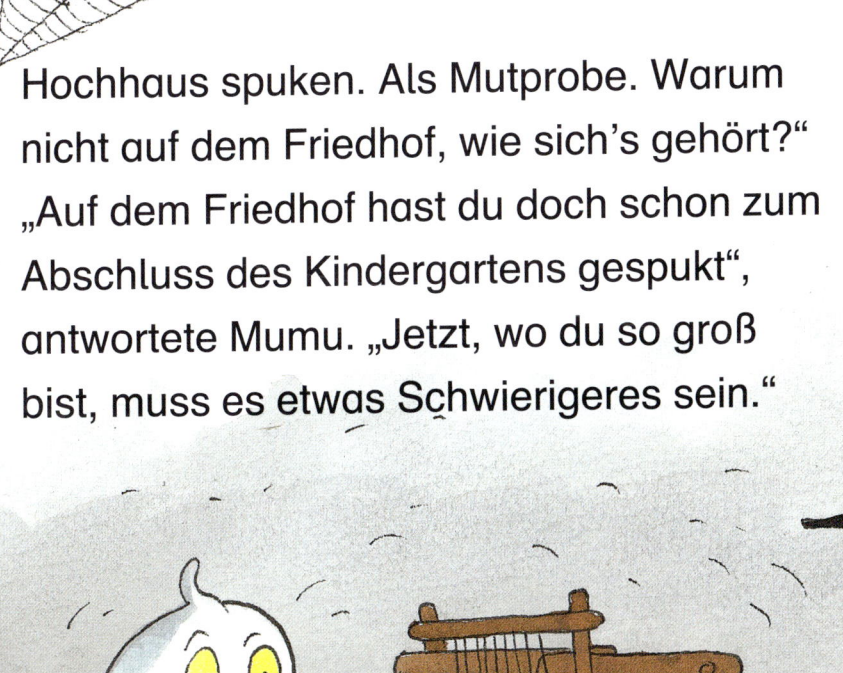

„Mumuuuuuu", heulte Rosalius.

„Im Hochhaus! Hast du da schon mal reingeguckt? Keine Ecken, keine Winkel, keine Erker! Nicht mal lange Vorhänge, sondern nur Rollläden. Und geheizte Kellerräume mit elektrischem Licht! Und alles so sauber und ordentlich! Wo soll man sich da verstecken? Und was mach ich, wenn ich einen Menschen sehe?"

„Dann machst du ihm einfach Angst", sagte Mumu.

„Umgekehrt", jammerte Rosalius leise. „Ich bin kein guter Geisterschüler, Mumu. Ich schaffe die Abschlussprüfung bestimmt nicht."

„Du musst sie bestehen", sagte Mumu ernst. „Dein Vater und dein Großvater und dein Urgroßvater haben sie schließlich auch bestanden."

Rosalius zuckte mit den Schultern. „Ich bin nicht mein Vater und nicht mein Großvater und nicht mein Urgroßvater", sagte er. „Darf ich noch ein bisschen in die alte Bibliothek?"

„Von mir aus. Aber komm nicht zu spät zurück. Beim ersten Hahnenschrei wird Pupu heimkommen."

Pupu wird böse sein, dachte Rosalius, als er die Stufen hinunterflatterte.

Aber Pupu war nicht böse, er war besorgt. Mumu hatte ihm schon von der Mutprobe erzählt.

„Wenn der Weiße Lehrmeister es verlangt, kann man nichts machen", sagte er.

Er nahm Rosalius auf den Schoß, als wäre er noch ein ganz kleines Gespenst. „Du brauchst dich vor Menschen nicht so zu fürchten", sagte er. „Wenn du es vor Angst

nicht mehr aushältst, weiß ich einen Trick.
Ich habe ihn auch schon benutzt. Und
davor mein Vater und mein Großvater.
Du darfst nur niemandem sagen, dass
ich ihn dir verraten habe."

„Ehrenwort", versprach Rosalius und
schmiegte sich an das Gerippe seines
Vaters.

Am nächsten Abend war es so weit. Der Weiße Lehrmeister drückte Rosalius einen silbernen Fingerhut in die Hand und gab ihm die letzten Anweisungen: „Du musst so laut heulen, dass sie Angst vor dir bekommen und ihre Türen zuschlagen. Du musst durch die Schlüssellöcher schlüpfen. Du musst sie dazu bringen, dass sie sich in die Ecken verkriechen. Dass ihnen die Angst den Schweiß aus den Poren treibt. Du musst . . ."

„Ja, ja", sagte Rosalius. Er steckte den Fingerhut in die Tasche seines wallenden Gewandes. „Ich muss als Beweis ein wenig von diesem salzigen Angstschweiß mitbringen. Mindestens einen halben Fingerhut voll, sonst habe ich nicht bestanden."

Der Weiße Lehrmeister nickte. Er öffnete

die Tür des Schulverlieses und Rosalius
schwebte davon.
Draußen schien der Mond. Vollmond.

Hinter der Wiese erhob sich das Hochhaus.
Groß und schwarz zeichnete es sich gegen
den Himmel ab. Viele der Fenster waren
erleuchtet. Helle, viereckige Flecken in
dem dunklen Klotz.

Er musste die Mutprobe einfach bestehen.
Nur wie? Er hatte solche Angst vor
Menschen. Doch dann fiel ihm der Trick
seines Vaters ein. Der Trick für den Notfall.
Er schwebte weiter.
Schließlich stand er vor der großen Tür
des Hochhauses. Neben der Tür waren
viele kleine, runde Knöpfe und darunter
Namensschilder.
Rosalius las die Namen langsam durch.
Einer davon gefiel ihm ganz besonders gut:
„Schwamm", im dritten Stock.
Was für ein hübscher Name, dachte er.
Wie der Schwamm an den Wänden
des alten Burgverlieses. Feucht und
modrig und kalt. Rosalius beschloss,
bei „Schwamm" anzufangen.
Das Licht im Treppenhaus schlug ihm grell
entgegen. Mühsam schob er sich vorwärts.

Endlich erreichte Rosalius den dritten
Stock. Schnell wutschte er von einer Tür
zur anderen, bis er die richtige gefunden
hatte. „Schwamm" stand auf dem Schild
unter dem Klingelknopf.
Rosalius drückte sein Ohr an die Tür.
Nichts war zu hören, es war ganz still.
So schnell er konnte, zwängte er sich
durch das enge Schlüsselloch. Was für
ein schöner dunkler Flur! Nur durch
den Spalt einer angelehnten Tür fiel
ein wenig Licht herein.
Rosalius linste in das erleuchtete Zimmer.
Ein Mann saß da in einem Sessel und
hatte ein Buch in der Hand. Das ist gut,
dachte Rosalius. Wenn jemand gern liest,
kann er nicht so schlimm sein.
Der Mann war sehr alt und hatte
eine dicke Brille auf. Sie blitzte im Licht

der Stehlampe, wenn er den Kopf langsam hin und her bewegte. Ab und zu griff er nach einem Glas mit Wein und nahm einen Schluck. Er sah nett aus. Wirklich. Ein bisschen wie Onkel Theophrastus Bombastus, dachte Rosalius. Der hat auch so tiefe Ringe unter den Augen.

Wie kann ich ihm nur Angst machen,
überlegte Rosalius. Er zog den silbernen
Fingerhut aus der Tasche und nahm
seinen ganzen Mut zusammen.
„Huhuuuuuuu", heulte er und stürzte auf den
Mann zu. Der ließ erstaunt das Buch sinken
und sah Rosalius an. Aber er schrie nicht.
Er verkroch sich nicht in die hinterste
Zimmerecke. Und nicht der kleinste Tropfen
Angstschweiß erschien auf seiner Stirn.
Er nahm einfach nur die Brille ab und
putzte sie mit einem großen, karierten
Taschentuch.
„Na, so was", murmelte er. „Ich sollte
abends keine Gespenstergeschichten mehr
lesen. Das bekommt mir nicht."
„Huhuuuuuuu", machte Rosalius und ließ
seine Stimme noch schauriger klingen.
Der Mann schüttelte den Kopf.

„Jetzt sehe ich schon Gespenster", sagte
er laut. „Gut, dass ich gerade gelesen
habe, was gegen Gespenster hilft:
Schnittlauch. Mal sehen, ob das wirklich
funktioniert."

Er stand auf und ging in die Küche.
Rosalius war vor Schreck ganz weiß
geworden, was man bei einem weißen
Gespenst natürlich nicht sieht.
Er verkroch sich in die hinterste
Zimmerecke.

Doch der alte Mann hatte ihn bald entdeckt und hielt ihm ein Bund Schnittlauch vor die Nase. Dazu murmelte er: „Nimm Schnittelauch, nimm Schnittelauch und dem Gespenste platzt der Bauch."
Rosalius merkte, wie er dicker und dicker wurde. Bald würde er tatsächlich platzen.
Das war ein Notfall! Verzweifelt flüsterte er den geheimen Spruch seines Vaters: „Dreiunddreißig Vogelspinnen können nicht wie Vögel singen. Wind, Wind, mach geschwind, mach mich zu einem Menschenkind."
Und vor den erstaunten Augen des Mannes verwandelte sich Rosalius in einen kleinen Jungen. Er hatte ein weißes Nachthemd an und seine Haare waren auffallend hell, auch seine Augen. Aber sonst sah er ganz normal aus.

Nur komisch, er hatte einen silbernen
Fingerhut in der Hand.
Herr Schwamm, der alte Mann, ließ sich
verblüfft in seinen Sessel fallen und
schüttelte den Kopf. „Dass Schnittlauch so
eine Wirkung hat, hätte ich nicht geglaubt",
sagte er.
„Es ist eine Gemeinheit, einem Gespenst
Schnittlauch vor die Nase zu halten", sagte
Rosalius böse. „Dabei habe ich gedacht,
Sie wären ein netter Mensch, weil Sie so
einen hübschen Namen haben."
Der Mann hörte überhaupt nicht auf,
den Kopf zu schütteln. Dann sagte er:
„Entschuldige. Ich bringe den Schnittlauch
zurück in die Küche. Und dann erklärst du
mir alles. Versprochen?"
Rosalius nickte.
„Ehrenwort?", fragte Herr Schwamm.

Rosalius nickte wieder. Was sollte er auch sonst tun? Er kauerte sich auf das Sofa und wartete, bis Herr Schwamm wiederkam.

Dann saßen sie sich gegenüber und Rosalius begann zu erzählen.

Herr Schwamm hörte aufmerksam zu.

„Und ich muss einen halben Fingerhut voll Angstschweiß mitbringen, sonst habe ich die Prüfung nicht bestanden", beendete Rosalius seine Geschichte.

„So was Verrücktes habe ich noch nie gehört", sagte Herr Schwamm.

„Zu komisch, wirklich!"

Und auf einmal fing er an zu lachen.

Er schlug sich auf die Schenkel. Er nahm die Brille ab, weil ihm vor lauter Lachen Tränen über die Wangen liefen. Besonders als Rosalius auch noch sagte: „Sie sehen

meinem Onkel Theophrastus Bombastus
ähnlich."
„Theophrastus Bombastus", grölte Herr
Schwamm und die Lachtränen kullerten
nur so.

Und da hatte Rosalius eine Idee.
Er streckte die Hand aus und fing
die Lachtränen mit seinem Fingerhut auf.
Darüber musste Herr Schwamm noch mehr
lachen. Der ganze Fingerhut war bald voll.

Vorsichtig stellte Rosalius ihn auf
den Tisch. „Tränen sind doch genauso
salzig wie Angstschweiß, nicht wahr?",
fragte er besorgt.

Herr Schwamm konnte vor Lachen nur
nicken. Doch dann beruhigte er sich
langsam. „Was für ein vergnüglicher
Abend", sagte er schließlich. „So viel
gelacht habe ich schon lange nicht mehr.
Vielleicht noch nie. Weißt du was, ich hole
mir noch ein Glas Wein und wir erzählen
uns Geschichten. Aber vorher verwandelst
du dich wieder in ein Gespenst, ja?"

Damit war Rosalius natürlich
einverstanden. Was gibt es Schöneres als
Geschichten?

Und in der Gestalt des kleinen Jungen
fühlte er sich ohnehin nicht wohl.

Er flüsterte: „Dreiunddreißig Vogelspinnen

können nicht wie Vögel singen. Wind,
Wind, mach geschwind, mach mich zum
Gespensterkind."
Als Herr Schwamm mit einem neuen Glas
Wein aus der Küche zurückkam, saß ein
Gespenst auf seinem roten Plüschsofa.
Rosalius.
Und gegen Morgen begleitete Herr
Schwamm seinen Gast bis hinunter
zur Tür. „Besuch mich mal wieder",
sagte er. „Bitte."
Rosalius versprach es gerne. Langsam, wie
ein Nebelschwaden, schwebte er zwischen
den Häusern hindurch zur Wiese. In der
Hand trug er vorsichtig den randvollen
Fingerhut. Der Weiße Lehrmeister würde
nicht merken, dass es kein echter
Angstschweiß war. Und Lachtränen hatte
Rosalius eigentlich auch viel lieber.

Das Pflastermonster

Manuel schlüpft ins Bett.
Birgit, die Betreuerin, sagt: „Gute Nacht!",
und macht das Licht aus.
Manuel zieht sich die Decke bis über die
Nase. Drei Wochen muss er hier bleiben,
hier im Ferienheim. Seine Eltern haben ihn
heute hergebracht. Drei Wochen sind lang.

Manuel merkt, wie ihm ganz elend zumute
wird. Er beißt sich fest auf die Lippe.
So, dass es wehtut. Vielleicht wird es ja
auch ganz schön hier, denkt er tapfer.
Drüben, im Bett am Fenster, tuscheln Mark
und Stoffel leise miteinander. Die Tür
geht auf. Ein Schatten kommt herein.
Ein weißes Hemd bauscht sich im Luftzug.
Dann sieht Manuel einen blonden
Pferdeschwanz. Das ist Maike aus
dem Nachbarzimmer. Sie hockt sich
auf Marks Bett.

Jetzt tuscheln sie zu dritt.

Manuel versucht, wach zu bleiben.

Doch die Augen fallen ihm zu.

Und dann fährt er hoch. Ein schauerliches
Heulen hat ihn geweckt. Im Zimmer ist es
dunkel, nur drüben am Fenster bewegen
sich weiße Schatten. Gewänder wogen
im Mondlicht.

„Huaaaaaa!" Langsam, wie schwebend,
kommen die weißen Gestalten näher.
Manuel springt aus dem Bett und rennt
zur Tür. Die Gestalten folgen ihm.

Am anderen Ende des Flurs brennt
ein schwaches Licht. Gerade hell genug,
um den Weg zur Toilette zu beleuchten.
Manuel läuft auf das Licht zu. Hinter ihm
heult es leise. Er rennt den langen Flur
entlang.
Seine nackten Füße klatschen auf
die kalten Fliesen.
Als er an Birgits Zimmer vorbeikommt,
stockt er einen Moment. Soll er zu ihr
hineingehen? Nein, sie schläft, denkt er.
Sie wird böse, wenn ich sie wecke.
Sie wird . . .
„Huaaaa!" Manuel rennt weiter. Seine
Schlafanzughose rutscht. Er zieht sie beim
Laufen wieder hoch. Schweiß rinnt ihm
über den Hals, sein Pyjama klebt an
seinem Rücken. Er weiß nicht, ob er friert
oder schwitzt.

Das Geheul hinter ihm schwillt an, wird dann wieder leiser. Er bleibt stehen und dreht sich um. Drei Gestalten bewegen sich tanzend durch den Flur. Sie ziehen lange Schatten hinter sich her.

Wieder rennt Manuel los. Zur Haustür.
Aber die ist verschlossen. Manuel dreht
sich um, rennt zur Hintertür, der Tür
zum Garten.

Die schwankenden, tanzenden, heulenden
Gestalten kommen immer näher. Manuel
wirft sich mit aller Gewalt gegen die Tür.
Sie geht auf. Er taumelt hinaus und zieht
die Tür hinter sich zu. Das Heulen erstirbt.
Manuel atmet erleichtert auf.

Er macht ein paar Schritte über den
Kiesweg. Da hört er, wie die Tür hinter ihm
knarrt. Erschrocken wirft er einen Blick
zurück. Die erste Gestalt schwankt über die
Schwelle. Und wieder erklingt das Heulen.
Erst leise, dann immer lauter.

Manuel macht einen Satz. Weg vom
Kiesweg. Hinein in ein Beet mit halbhohen
Büschen.

Dornen kratzen über seine Haut und reißen an seinem Schlafanzug. Er stößt einen Schrei aus. Das Heulen bricht ab. Manuel dreht den Kopf und sieht, wie die Gestalten die Arme nach ihm ausstrecken. Er macht die Augen zu . . .

Hände helfen ihm aus den Dornen und setzen ihn auf den Boden. Jemand streichelt seine Haare. Und eine Stimme sagt: „Manuel! Manuel! Das war doch nur ein Spaß."

Manuel macht die Augen auf. Er sitzt auf
dem Kiesweg, mit dem Kopf an Maikes
Schulter.

Und Stoffel sagt: „Das machen wir immer,
wenn ein Neuer kommt. Es ist ein Spiel.
Hast du nicht gemerkt, dass es nur
ein Spiel ist?"

„Wir hätten auf Birgit hören sollen", sagt
Mark leise. „Sie hat gleich gesagt, dass wir
es nicht tun sollen. Er ist noch zu klein."

Manuel richtet sich auf. „Birgit weiß
davon?", fragt er ungläubig. „Birgit,
die Betreuerin?"

Maike zögert. „Na ja, nicht direkt.
Nur grundsätzlich. Bei dir hat sie gesagt,
wir sollen dich in Ruhe lassen."

„Weil ich noch zu klein bin", sagt Manuel
giftig. „Was bildet die sich nur ein!
Na warte."

Er steht auf. Seine Arme und sein Gesicht tun weh. Als sie wieder im Haus sind, sieht er die langen roten Kratzer auf seinen Armen.

Maike zieht ihn hinter sich her ins Krankenzimmer.

Sie kippt Jod auf die Kratzer, dann klebt sie Pflaster darüber. Auch ins Gesicht. „Armer Manuel", sagt sie und gibt ihm einen Kuss. Sie führt ihn zum Spiegel. „Schau nur", sagt sie und muss nun doch kichern. „Du siehst ganz schön unheimlich aus. Wie ein richtiges Pflastermonster. Hier, nimm mal." Sie zieht sich das Laken von der Schulter und hängt es Manuel über den Kopf. Dann steckt sie es unter seinem Hals mit einer Sicherheitsnadel fest.

„Hast du nicht auch Lust, ein bisschen Geist zu spielen?", fragt Mark grinsend.

Manuel schaut ihn an. Dann grinst er auch.
Zu viert laufen sie durch den langen Flur.
Vor Birgits Zimmertür bleibt Manuel stehen
und gibt mit der Hand ein Zeichen. Und
hinter ihm fangen sie an zu heulen, seine
neuen Freunde Maike, Mark und Stoffel.

Auch Vampire können sich irren

„Der kleine Vampir Eklesi war sehr durstig.
Er hatte schon seit drei Tagen kein Blut
mehr getrunken", las der Vater.
„Und wenn ein Vampir durstig ist, wird er
sehr leichtsinnig . . ."
Der Vater klappte das Buch zu. „So, und
morgen lese ich dir weiter vor. Jetzt wird
schön geschlafen."
Der Vater beugte sich über Susanne und
drückte ihr einen Kuss auf die Nase.
„Und träum was Schönes, mein Schatz."
Dann machte er das Licht aus.
Die Tür fiel zu.
Susanne lag eine Weile ruhig im Bett.
Dann stand sie leise auf und ging zum
Schrank. Ganz unten, unter den T-Shirts,
lag die Taschenlampe. Sie nahm

die Lampe und dann das Buch vom Tisch
und kroch unter die Bettdecke. Das Licht der
Taschenlampe fiel als runder heller Kreis
auf die Buchseiten. Vom Wohnzimmer
her hörte Susanne den Fernseher.
Wo war die richtige Stelle? Wo hatte der
Vater aufgehört zu lesen? Ach ja, hier.
„Und wenn ein Vampir durstig ist, wird er
sehr leichtsinnig . . .“

Eklesi überlegte. In einem Haus in der
Nähe maunzte eine Katze. Katzenblut
schmeckt nicht, dachte Eklesi. Aber wo
eine Katze ist, ist auch ein Kind nicht weit.
Eklesi ging voller Gier auf das Haus zu.
Plötzlich hörte er einen Hund bellen,
in demselben Haus. Eklesi ging schnell
weiter. Hunde mochte er überhaupt nicht.
Hunde bellten zu den unmöglichsten
Zeiten. Wenn man gerade seine Zähne
in ein hübsches Hälschen gedrückt hatte,
zum Beispiel. Eklesi spürte, wie sein Mund
ganz trocken wurde. „Nicht an hübsche
Hälschen denken", befahl er sich. „Nimm
dich zusammen, Eklesi. Schau dich um.
Irgendwo wirst du schon etwas finden."
Direkt vor einem kleinen Haus blieb Eklesi
stehen. Er schlich zum Fenster und
schaute in ein Zimmer. Auf einem Sofa saß

ein Mensch, ein Mann.

Er war eingeschlafen.

Aber was war denn das? An der anderen
Wand stand ein viereckiger Kasten.

In diesem Kasten liefen viele halb nackte
Menschen herum. Sie kämpften
miteinander. Säbel blitzten auf. Blut floss.
Rotes Blut. Eklesi spürte, wie seine Knie
zitterten. Ihm wurde schwarz vor
den Augen. Schwarz und flimmrig.

Als er wieder sehen konnte, kämpften
die Menschen in dem Kasten noch immer
miteinander. Und noch mehr Blut floss.
Am Rand des Kastens bäumten sich
Pferde auf.

Eklesi konnte sich nicht mehr beherrschen.
Er schlüpfte durch das gekippte Fenster ins
Zimmer hinein. Das Flimmern vor seinen
Augen nahm zu. Und denken konnte er

schon gar nicht mehr. Er stürzte auf den Kasten zu und schlug seine Zähne in den erstbesten Hals. Es krachte. Und dann . . .

„Susanne, aufstehen!", rief die Mutter.

„Hast du den Wecker nicht gehört?"

Susanne streckte den Kopf unter der

Decke hervor. Das Buch war zugeklappt.

Die Taschenlampe brannte nicht mehr.

Die Batterie war leer.

Noch halb schlafend, zog sich Susanne an

und ging ins Wohnzimmer. Als sie am

Fernseher vorbeikam, sah sie etwas

Weißes davor auf dem Teppich liegen.

Sie bückte sich und hielt zwei kleine

Eckzähne in der Hand.

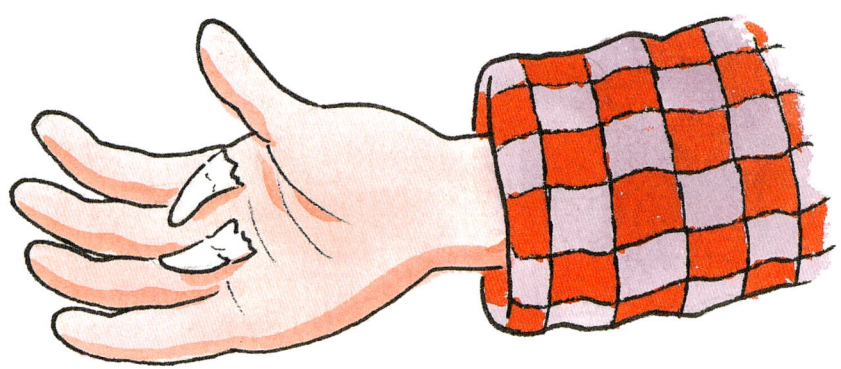

Geister haben keinen Schatten

Es wird schon dunkel, als Tommi, Hanna
und ihre Eltern ankommen. Zwei kleine
Häuser liegen vor ihnen am Waldrand.
„Das rechte", sagt der Vater. „Das
zwischen den hohen Tannen."
Er macht den Kofferraum auf und holt
das Gepäck heraus.
Hanna bekommt große Augen. „Toll", sagt
sie. „So alt! Ein richtiges Hexenhäuschen."
Tommi klettert nur widerwillig aus
dem Auto. „Das ist ein Gespensterhaus",
sagt er. „Da geh ich nicht rein."
„Hör auf mit dem Theater", sagt die Mutter.
„Los, bring deinen Rucksack hinein.
Und diese beiden Tüten mit dem Essen."
Tommi seufzt. Er nimmt seinen Rucksack
und die beiden Tüten.

51

Der Vater steht schon an der Haustür.
Tommi steigt die drei Holzstufen hinauf.
Auf der dritten stolpert er und eine Tüte
rutscht ihm aus der Hand. Die Kartoffeln
rollen die Treppe hinunter und bleiben
im Gras liegen.

Er bückt sich und hebt die Kartoffeln auf.

Im Gras bewegt sich etwas. Es raschelt.

Tommi stößt einen Schrei aus.

„Das war nur eine Eidechse", sagt Hanna
verächtlich. „Stell dich nicht so an."

„Nur weil du drei Jahre älter bist . . .",
faucht Tommi.

„Nein, nur weil du ein Angsthase bist", sagt
Hanna.

Aus dem Haus nebenan ist
eine krächzende Stimme zu hören.

Eine Hexenstimme. Man kann aber
nicht verstehen, was sie sagt.

Tommi rennt schnell die Treppe hinauf.

Zwei Stunden später haben sie alles
ausgepackt und schon gegessen. „Und
jetzt ins Bett mit euch", sagt der Vater.

Tommi geht in sein Zimmer. Ausgerechnet
sein Fenster geht hinüber zu dem anderen

Haus, zu dem mit der Hexenstimme. Er lauscht. Nichts ist zu hören. Tommi zieht sich aus und geht ins Bett. Und weil er so müde ist, schläft er bald ein.

Plötzlich wird er von einem lauten Geräusch geweckt. Er fährt hoch und schaut sich erschrocken um.

Mama und Papa sind bestimmt sauer, wenn ich sie wecke, denkt er. Die sind müde nach der langen Fahrt. Und Hanna? Nein, die lacht mich nur aus.

In diesem Moment hört er sie wieder, die
krächzende Hexenstimme aus dem
Nachbarhaus. Jetzt überlegt Tommi nicht
mehr lange. Er steigt vorsichtig aus dem
Bett und schleicht aus seinem Zimmer. Im
Flur ist es dunkel. Die Holzdielen knarren
unter seinen Füßen. Er macht die Tür
zu Hannas Zimmer auf.
Tommi überlegt, ob er sie wecken soll.
Da hört er wieder ein fernes Heulen.
Blitzschnell schlüpft Tommi zu Hanna
unter die Decke. Er drückt sich dicht an sie.
Jetzt ist alles nicht mehr so schlimm. Nach
einer Weile ist er wieder eingeschlafen.

„Was ist denn das?", fragt die Mutter
erstaunt, als sie am nächsten Morgen in
die Küche kommt. Auf dem Tisch liegt eine
umgekippte Milchflasche. Eine Milchlache
erstreckt sich über den dunklen Fußboden
wie ein weißer See. „Warst du heute Nacht
in der Küche, Tommi?"

„Morgens war er jedenfalls bei mir im Bett",
sagt Hanna. „Bestimmt ist er nachts
herumgegeistert."
Tommi schüttelt den Kopf. Er erzählt von
den Geräuschen, die er in der Nacht gehört
hat. Aber seine Mutter lacht nur. „Es spukt
nicht, Tommi", sagt sie. „Vielleicht hast du
den Wind in den Bäumen gehört. Vielleicht
hat ein Ast ans Haus geschlagen." Sie
nimmt einen Lappen und wischt die Milch
weg. „Und jetzt gibt's Frühstück."
Später erkunden Hanna und Tommi
die Umgebung. Und eigentlich gefällt es
Tommi jetzt ganz gut hier. Es gibt Bäume,
auf die er klettern kann. Es gibt . . .
Plötzlich hören sie die krächzende
Hexenstimme wieder. Am Zaun des
Nachbarhauses steht eine alte Frau mit
einem giftgrünen Kopftuch und einer Warze

am Kinn. Sie fuchtelt mit einem Stock und schreit.

Hanna und Tommi weichen erschrocken zurück.

Da geht drüben die Tür auf und eine andere Frau kommt aus dem Haus.

Sie trägt ein geblümtes Kleid, darüber eine schwarze Jacke. „Mutter", ruft sie. „Komm rein. Die Kinder tun dir nichts. Das sind die neuen Feriengäste."